Maria Janitschek

Im Kampf um die Zukunft

Dichtung

Maria Janitschek

Im Kampf um die Zukunft
Dichtung

ISBN/EAN: 9783743665873

Hergestellt in Europa, USA, Kanada, Australien, Japan

Cover: Foto ©Thomas Meinert / pixelio.de

Weitere Bücher finden Sie auf **www.hansebooks.com**

Im Kampf um die Zukunft

Dichtung

von

Maria Janitschek

Stuttgart
Verlag von W. Spemann
1887

Druck von Gebrüder Kröner in Stuttgart.

Hubert Janitschek

Inhalt.

	Seite
Das Vermächtnis	9
I. Im Banne	11
II. Pilgergesichte	23
III. Erwacht	51

Das Vermächtnis.

Ein düstrer Anblick! Kahle weiße Wände
Verbergen müden Augen rings den Himmel;
Ein Kruzifix, ein grüner Bettschirm, den
Die Schwester lautlos vor das Lager schiebt,
Auf dem ein Sterbender im Kampfe ringt,
Und viele, endlos viele Bettgestelle:
Das ist der Krankensaal.

      Am letzten Lager,
Da kniet ein Kind und lächelt in ein Antlitz.
Es lächelt, denn es weiß, solang die Mutter
Dies Lächeln sieht, wird sie nicht sterben. Auge
In Aug' verbohrt, seh'n sich die beiden an
Zwei Streiter, die verzweifelt sich bekämpfen.

Gemach erstarrt der Blick der Sterbenden,
Die Augen öffnen weiter sich, wie wenn sie
Ein Unbegrenztes überschauen müßten,
Die Züge werden groß, die feuchte Stirne
Entrunzelt sich, und majestätisch wächst
Der schmerzgekrümmte Leib. Mit bangem Schreck
Schaut auf die Todesanmutüberstrahlte
Das bleiche Kind. Da naht die Nonne still
Und führt es von dem Lager weg zum Ausgang. —

In diesem Augenblick durchdrang den Saal
Ein Aufschrei: „Werden wir uns wiedersehen?"
Die schon gebrochnen todesblinden Augen
Vor sich ins Ungewisse angstvoll heftend,
Mit schreckgespaltenem Munde, aufgerichtet
In ihrem Bette, saß die Sterbende....

Man stieß das Mädchen fort.
                                Es konnte nimmer
Auf jene Frage Antwort geben. Weinend
Schlich's in die Winternacht...

                                Am nächsten Morgen
Da war das Bett der Mutter leer....

I.

Im Banne.

I.

Im Gedränge des Lebens trieb sie umher,
Planlosen Schrittes, wärmeleer.
Geschosse flogen an ihr vorüber,
Aus feindlicher Hand, Hunger und Fieber
Zerrten an ihrem Lockenflor....
Sie fühlte nichts; zu ihrem Ohr
Sprach lauter als alle Erdenplage,
Und lauter als flehender Liebe Klage,
Eine heiße zum Himmel gestammelte Frage....

In ihrem Banne gefangen wandelnd,
Unwirkliches schauend, bewußtlos handelnd,
Den Himmel mit glühenden Bitten versuchend,
Sterblichen Wissens Beschränktheit verfluchend,
Gab sich den Stürmen preis das Kind.

II.

Ein Wanderer fand es zwischen Gräbern kauern,
Gedankenmüd, verwahrlost, erdereif.
Er trug es fort aus jenen Friedhofsschauern.

„Ich will dich retten," sprach er, „eh' das Leid
Dich wundgeküßt; du sollst vergessen lernen;
Durch fromme Liebe wirst du höllgefeit."

Da lächelte das Kind mit trüben Blicken:
„Mein Erbteil hat zu andern mich bestimmt,
Nichts kann das ernste Ziel mir je verrücken."

„Dann laß mich mit dir denken, Antwort suchen,
Vielleicht gelingt die Lösung uns, wenn nicht —
Dann mag das Schicksal mich mit dir verfluchen!"

III.

Es gelang ihm nicht
Ihre Seele zum Tönen zu bringen,
Die in eines Gedankens Fesseln geschlagne
Neu zu beschwingen.

Lebenabgekehrt,
Mit Geistern sich streitend,
Ging sie dahin ein schöner Leichnam,
Kälte verbreitend.

Fordernde Liebe,
Wies sie von sich mit düsterm Gebot:
„Solang ich die Antwort schulde der Frage,
Gehör' ich dem Tod."

IV.

„So sage: ‚Ja!'
Sag ja auf jene Frage,
Damit der müde Mund sich schließen kann,
Damit sich löst der dunkle Bann,
Und du wieder lächeln darfst und küssen,
Und lieben."

„Die da drüben,
Lassen sich nicht belügen.
Ich habe den Schlüssel verloren
Zur Wahrheit, in der Stunde,
Da mich der Schmerz erkoren
Zum ewigen Bunde.
Da ich in Gott geöffnete Arme
Statt seiner die antwortlose Vernichtung
Sinken sah. —
Kann ich sagen: ‚Ja'
Auf jene Frage?
Kann ich verneinen,
Was mein Geist nicht faßt?"

V.

„Zwing ihn, es zu fassen!

Ich weiß eine Stille,
Von Wäldern umhegt,
Wo die Luft keine Klage
Hinüber trägt.

Wo kein Grabmal bedrückt
Der Erde Brust,
Und kein Kirchturm erzählt
Von Schwärmer Lust.

Wo auf leiser Sohle
Der Friede geht,
Und das Herz den Himmel
Fraglos versteht.

Daß dir dort Wahrheit würde
In der heiligen Stille!
Ich will indessen
Mit Blumenfülle
Mein Haus verzieren,
Will es festlich schmücken
Zu deinem Empfang,
Dich von neuem zu küren
Zu meiner Braut,
Kehrst du genesen mir wieder,
Liebevertraut!"

VI.

Sie ging von ihm,
Ging in die Einsamkeit,
Und es überkam sie der Geist,
Der jugend- und einfaltlose,
Der nach Unsterblichkeit hungernd,
Für sich und sein Teuerstes
Um Gewißheit kämpft.
Und sie betete:

„Lebenersinnender, Schöpfungsgestalter,
Der du mit deines Mundes Odem
Schwebende Sonnen trägst;
Dessen ungezeugtes Haupt
Der eherne Reif der Ewigkeit
Dreimal umflicht,
Höre mich Flehende!

Hast du einen Teil deines Selbst,
Erdegestaltet, todwärts gesendet
Zur Menschenerlösung?
Hast du dem wundergläubigen Geschlecht
Nach dem Sterbliches lösenden Schlummer
Erwachen verheißen?

Nachtbefruchtender, Doppelgeschlechtiger,
Der du das zeugende Licht geboren,
Erleuchte mein Dunkel!

Werden die Geister der Fortgegangnen,
Die du vor deinen Thoren versammelst,
Sich wieder erkennen?

O du!
Du dem die Thränen und Seufzer fremd sind,
Höre mich, Herr!
Nicht erheben von der Erde
Werd' ich mein Antlitz eh' du mich segnest
Mit Erkenntnis!"

VII.

Ihr zur Erde gestreckter Leib
Glich einem vom Altar gestürzten
Zerbrochnen Weihegefäß.

Regengüsse
Schlugen auf ihn,
Stürme zerrissen
Seine Gewänder,
Nachtfröste
Leerten ihre Schauer
Ueber ihn aus,
Er regte sich nicht.
Dieser schwache gebrechliche Leib
War ein Riese.

Er fühlte die Gluten des Durstes
Seine Eingeweide verbrennen,
Und stand nicht auf.
Hörte die Flügel
Hungriger Geier
Sein Haupt umschwirren,
Und stand nicht auf.
Starrkrampf
Drohte ihn zu lähmen,
Er roch an sich
Die beginnende Verwesung,
Aber er stand nicht auf.

Da nahte bezwungen
Von so viel Liebe
Der Gott dieses Eilands
Der heilige Friede;

Segnend legte er
Seine stillenden Hände
Auf die Stirne der Siegerin.
Sie entschlief
In leibloser Müde.

Aber schwingenschüttelnd
Erhob sich die freigewordne Seele
Und drang hinaus,
Der Sehnsucht Pilgergewand entlehnend,
Um die Welt zu durchwandern.
Um durch die Nebel des Irrtums,
Durch die Schleier
Vergeff'ner Wirklichkeiten
Das leuchtende Morgengestirn
Der ewigen Wahrheit
Aufstrahlen zu sehen.

II.

Pilgergesichte.

I.

Ein weites Feld mit magerem Korn bewachsen,
Davor ein Greis, die buschige Brau' gekrümmt,
Doch klaglos seine Sense schwingend. Irgend
Ein Pilger, der vorbeizog, sprach zu ihm:
"Welch' Acker, der so dürftige Ernte spendet!"

Drauf stieß die Sense in den Grund der Alte
Und reckte sich empor. "Was faselst du,
Man erntet seine Saat. Der Keim war schlecht,
Und still darum, der Boden trägt die Schuld nicht!"

Da ist's, als bebt die Luft von wildem Schluchzen
Verdorbner und Verdammter, und zum Himmel
Im ungeheuern Chore fliegt das Wort:
"Man erntet seine Saat. Der Keim war schlecht,
Und still darum! Der Sämann trägt die Schuld."

II.

Die Wage der Gerechtigkeit, umspannt
Von eherner Faust, bekrönt des Thores Giebel.
Es ist ein finsteres Thor, ein finsteres Haus,
Ein finsterer Geselle, der den Wandrer
Durch jene Hallen führt. Es ist der Tempel
Der irdischen Vergeltung. Hunderte
Von dunklen Schicksalen verbirgt sein Raum.

Da sitzt in einem Saal des höchsten Stockwerks,
Am Webstuhl emsig schaffend, eine Schar
Von Menschen, die gesündigt durch Verleumdung.
Es sind meist Fraun. Sie werden weben hier,
So lang, bis jegliche ihr Büßerhemd
Vollendet hat, in dessen rauher Hülle
Sie des Gekränkten Knie umfassen muß.
Im Saale nebenan gewahrt man Männer,
Mit müherhitzten Wangen, deren Hände
Der Zwang mit Arbeitswerkzeug ausgerüstet.
Es sind die Müßiggänger, welche sorglos
Mit fremdem Gut die eigne Trägheit nährten.
Dann kommen jene, die mit schlauer Absicht
Den Rechtsbegriff der Arbeitssklaven trübten.
Die Buße dafür: Jene Armen lehren
Die volle Gleichberechtigung der Menschen.
Dann folgen Diebe, Wucherer, Schwindler; endlich
Im Erdgeschosse, wo die Sonne niemals
Das Dunkel lichtet, ist die schwüle Stätte,
An der gefesselt ruhen die Giganten
Des Lasters. Einen Schritt nur ist's von hier
Nach dem umzäunten Hinterhof, in welchem

Ein schwarz Gerüste aus der Erde steigt,
Das aufrecht steh'nde Sterbebett der letztern.
Der Pilger sah den ausgestreckten Holzarm,
Die engen Zellenfenster, hinter denen
Manch wildes Aug' hervorsah, dann erhob er
Sein Antlitz zu dem stummen Führer. „Höre!
An wem vollzieht ihr dieses letzte Urteil?"
„An denen, die's vorher vollzogen." „Wie?"
„An Mördern, mein' ich." „Also Zahn um Zahn?"
Der Richter nickte. „Kommt es niemals vor,
Daß einer, der kein Mörder... einer der
Zum Beispiel stahl, an diesem Holze endigt?"
Da flammten auf des finstern Mannes Augen:
„Was denkst du von der Ehrlichkeit Gerechter?
Die Strafe ist die Quittung für die Schuld,
Könnt größer jene sein, als diese ist,
Dann wären selber reif wir zum Gericht."

„Halt ein," ruft bleich der Pilger, „Einen kenn' ich,
Der sich den höchsten Richter nennt, und doch
Mit ewigem Fluch bestraft zeitliche Schuld."

III.

Als ob ein Teil der Ewigkeit verkörpert
In irdischer Form, so dehnt ein ungeheuer
Und grenzenweites Rund sich hin im Weltraum.
Erstickend Dunkel hüllt die dumpfen Fluren
In dichte Nacht, und birgt in seinen Schauern,
Ein wellenloses Meer erschrockner Menschen.
Jenseits des Meers, auf unsichtbarem Throne,
Erhebt sich aus dem Finster hoch ein Mann,
In dessen Augen, ruhig wie junge Adler
Im felsensichern Nest, das Licht sich birgt,
Bereit, in jedem Augenblick dem Winke
Des Herrn zu folgen. Nacht bedeckt die Erde,
Nur das entsetzlich helle Richterantlitz
Ist sichtbar, und die ahnungsbange Seele,
Die, von der Glut bestrahlt aus jenes Augen,
Vor seinem Throne kniet. Es ist die erste,
Die seine Stimme richtet, jene Stimme,
So schmetternd hell und triumphierend, wie
Die Osterglocken einer ganzen Welt,
Wenn sie ihr Allelujah rufen. Und
Der Schreckliche erhebt das mitleidlose,
Das eherne Richterhaupt, und durch die Nacht
Erglänzen hell zwei mächtige Bahnen Lichts,
Wie er die Augen aufschlägt.

„Dich vernichtet,
Hast du verwegne Kreatur; vergaßt du,
Daß ich dir meinen Engel senden würde
Im Augenblick der Not? vergaßest du,

Daß ich dein Elend kannte, ich, vernehmt es
Ihr alle, ich, der jedes Haar gezählt
Auf euern Häuptern?"

     Da durchgrollt ein Donnern
Die dunklen Lüfte und erstickt die Antwort
Der Seele vor dem Herrn. Der Boden wankt,
Erdschollen spritzen auf, wie unterm Tritte
Herstürmender Millionen Wesen. Staunend
Lauscht auf dem Thron der Richter. Schreiend flieht
Nach rückwärts jenes Meer erweckter Toter
Vor einem Nahenden. Es rast heran
Mit Funkelaugen und gesträubten Mähnen,
Mit ausgespreizten Krallen, schnaubend, fletschend,
Und kichernd, fliegend. Größere Kleinere tragend,
Das ungezählte und vergessenste
Der Erdgeschlechter, das myriadenhäuptige
Gevolk der Tiere. Mächtig drängen sie
Die bleiche Menschenschar vom Thron des Herrn.
Die Luft wird zum Orkan. Es halten
Die Sterne still auf ihren Bahnen; Sonnen-
Und Mondesfinsternisse treten ein,
Denn alles lauscht dem Chor, denn alles will
Das Richterantlitz schau'n.

       „Nicht die Posaune,"
Rollt es zum Throne auf, milliardenstimmig, —
„Nicht die Posaune hat uns aufgeweckt;
Uns hat dein Wort geweckt:
      ,Ich, der die Haare
Auf euern Häuptern zählte.' Schöpfer, hast du
Auch u n s e r e Qualensumme dir gemerkt?
Herr, hast du das gethan? dann weg mit jenen,
Sie haben keinen Raum in deinem Himmel,
Dein Paradies ist unser. Jene hatten
Auf Erden ihren Trost. Sie hatten dich,
Sie hatten einen Gott! Sie durften beten!
Sie durften hoffen auf dein Himmelreich.

Sie hatten Thränen, schlug sie deine Hand,
Dann kühlte sie des Auges lindernd Naß.
Sie hatten Worte. Schmerzbeladen teilten
Die Hälfte ihres Leids sie mit dem Freund.
Sie hatten einen Geist, der sie erhob
Hoch über alles Ungemach des Lebens.
Nun auch das Paradies?

      Herr sei gerecht!
Wir hatten keinen Gott und keinen Geist.
Wir durften dich nicht loben. Unsere Augen
Erlabte keiner Thräne lindernd Naß;
Wir mußten unsere Qualen stumm ertragen,
Denn du entzogst uns selbst des Schmerzes Ausdruck:
Das leidauslös'nde Wort. Wir hatten erdwärts,
Und himmelwärts nicht ein erbarmend Wesen,
Auf das wir hoffen durften. Kaum geboren,
Riß man uns fort von unserer Mutter Brust,
Und stieß uns in das Joch der Tyrannei.
Herr, zähl die Wunden, die der Menschen Hand
Uns schlug jahrtausendelang. Zähl die von Ketten
Zerriss'nen Glieder, die von Lasten krummen
Zerbrochnen Nacken, die Millionen trüben
Halbblinden Augen, die in ihrem Dasein
Nichts sahen als die Peitsche und den Pfad,
Den steinigen, auf dem die müden Füße
Die Lasten schleppen mußten; jene Augen,
Die nie ein Freudenstrahl durchleuchtete,
Die niemand hatten, der den trüben Blick
Mit Freundlichkeit erwiderte, zähl, Herr, sie
Und staune nicht, daß endlich auch der Erde
Mißhandeltste ihr Recht zu fordern kommen
Das Recht, das ihnen gab dein Wort: ‚die Haare
Auf euern Häuptern habe ich gezählt.'
Auch wir sind deine Kinder. Deine Hand,
Sie hat auch uns geformt. Was die Posaune
Uns ungerecht verschwieg, das rief dein Wort,
Es rief: Gerechtigkeit; Gerechtigkeit

Den Kreaturen, Herr, die sündlos sind,
Die niemals dich verleugneten, o Schöpfer,
Wie deine Menschen, die ergeben trugen
Die Last des Jammers. Uns gebührt der Himmel,
Uns, die am meisten litten, uns der Himmel!"

Es bebt die Erd' von ihrem Donnerschrei;
Die schwache fersgetretne Bestie hat
Das Gotteswort zum dräuenden Giganten
Geschaffen, der sich fordernd vor den Schuldner
Aufrichtet stolzen Haupts. Vom halbzertretnen
Verachteten Gewürm bis zum gewaltigen
Titanenhaften Urwaldsriesen, den
Der Quarz des Wilden einst gemartert, stehen
Sie alle aufrecht da, dem Gotte bittend
Ins lichte Antlitz schauend, und es hallt
Zu allen Welten jenes eine Wort:
"Gib uns den Himmel!"

      Da entbrennet blutig
Die Luft, als wie gepeitscht vom Zornesstrahl,
Der aus des Richters Aug' das Wort hinausloht:
"Mein Tod erlöste nur der Menschheit Teil,
Ihr flucht von mir."

      Zur Erde stürzt geblendet
Die zitternde Legion der Unerhörten.
Nur noch ein leises thränenloses Schluchzen
Dringt auf zum Thron': "Warum verfluchst du uns?
Warum verfluchst du uns, die sündlos, Herr?"

IV.

Zwei Tempel ragen von der Erde auf,
Aus Marmor einer, und aus Erz der andere.
Und gegenüber jenen beiden Tempeln,
Hebt in die Wolken einen lichten Altar,
Das himmelstrebende Gebirg.

       Ein Pilger
Gottfremd, und Gott aus ganzer Seele suchend,
Gewahrte aus der Ferne des Altars
Aufsteigend Feuer, und er lief frohlockend
Zu jener Opferstätte. Als er sich
Dem Berg genaht, erblickte er die Tempel
Und frug betroffen:
      „Welcher von den dreien
Ist dein Altar, o Herr?" Da trat ein Priester
Gekrönten Hauptes aus dem Marmordom
Und sprach: „Du suchst den Allgewaltigen,
Tritt ein! Der einzige Gott, der war, und ist,
Und sein wird alle Ewigkeit hindurch,
Thront hier in diesem heiligen Tabernakel."

Und als der Priester ausgesprochen, rief
Von jenes goldnen Tempels Stufen schmetternd
Ein Greis herüber:
     „Lügner! jener Gott,
Der sein wird, ist, und war, er kennt euch nicht;
Hier wohnt er, hinter dieses Tempels Vorhang,
Hier ist der wahre Gott. Ihr opfert Götzen,
Ihr seid verdammt."

      Und zaudernd sah der Pilger
Die beiden Priester an und wußte nicht,

Wo jenes wahren Gottes Stätte, die er
So heiß gesucht. In diesem Augenblicke
Umdrang ihn glüher Flammenduft; er hob
Das Haupt empor und sah, vom Wind getragen,
Des Berges heilige Feuer aufwärts flattern;
Er hörte selige Triumphgesänge
In jenen goldnen Flammenchor sich mischen
Und lauschte zitternd. Und es klang zu ihm:
„Sei angebetet, einzig wahrer Gott,
Du lebenspendend Licht! Sei angebetet
In deinem Sieg, in deiner ewigen Schönheit,
Jungfräulich Licht, des eigner Kraft entblühte
Die daseinsfrohe Welt. Gleichwie dein Glanz
Die Finsternis zerstört, so sei zerstörend
Für alle, die der Gottheit Majestät
In dir verkennen!"

                        Bei dem Wort ergellten
Zwei wilde Zornesschreie, und die Priester
Zerrissen schauernd ihr Gewand und schrieen:
„Verflucht der Götze, den ihr euren Gott nennt!"
Und flohen scheu in ihre Heiligtümer.

Der Pilger aber warf sich weinend hin
Und streckte seine Arme auf: „O Herr,
Wo ist der Altar, dessen Opfer dringt
Bis an dein Gottesherz? Kraft jenem Recht,
Mit dem der Schwache sich dem Starken naht,
Und dessen Arm begehrt zu seiner Hilfe,
Schrei ich zu dir, gib eine Lichtspur, Herr,
Gib eine Lichtspur meinem armen Geist,
Die ihn auf deine wahren Wege leitet!"

Da trug ein Windeshauch die Worte nieder:
„Zerstöre, die an deiner Gottheit zweifeln!"

Und rechtwärts hob sich aus des Tempels Vorhang
Ein scheitelkahles Haupt und rief: „Zerstöre,

Die nicht in diesem Tempel dich verehren!"
Und aus des Marmordomes Halle scholl es:
„Zerstöre alle, die da Christus leugnen!"

Der Pilger lag zur Erde hingestreckt
Und bettelte um einen Funken Lichts,
Und winselte, gleich einem Hunde, dem
Der Herr den Einlaß weigert.

      Doch der Himmel
Blieb antwortlos und ließ die Kreatur
Vergebens aufwärts seufzen um Errettung
Vor jener drohenden Verdammnis . . . .

V.

Geheimnißvoll schau'n sich zwei Wüsten in
Die leeren Augen. Eine unermeßlich
Von feuerblauem Lichte seltsam strahlend,
Die andere Sand und weite Einsamkeit.
Und zwischen beiden kauert regungslos,
Auf einer Säule hohem Stumpf, ein Greis
Mit ausgespannten Armen. Fleischlos, fahl,
Vertrocknet ist sein Körper. Lippenlos
Der Mund, aus dem der Hunger und das Schweigen
Die Säfte aufgezehrt. Ein Pilger, der
In Einsamkeit und Selbstverlassenheit
Auf diesem Sande irrte, rief erstaunt
Vor jenem Säulenheiligen:
                                    „Wozu?"
Da öffneten die dürren Lippen sich,
Und eine jubelnd tiefe Stimme, wie
Die Stimme eines andern, Stärkern, rief
Aus ihnen: „Um den Himmel."

                            Und der Pilger,
Der diese Frage that, ging weiter. Plötzlich
Wandt' er zurücke sich nach jenem Pfahl:
„Was ist der Himmel?"

                            Und die Luft, der Sand,
Der Mensch, vernahm das hohe Lied des Himmels:
„Der Himmel ist der Ort, wo Christus wohnt
In seiner Helden Mitte. Wo die Leiber
Der Seligen in lichter Schönheit prangen,
Von keinem Wunsch verzehrt, denn alle Wünsche
Erfüllen sich in einem Anblick: in

Dem Anblick Christi. Schöner als die Sonne,
Und schöner als der Sternenhimmel, schöner
Als Meeresleuchten in der Mitternacht
Wird dieses Antlitz sein. Indem die Wesen
Von seinem Gloriendrang ergriffen werden,
Versiegt ihr Hunger, und er wird zur Sattheit,
Versiegt das Alter, und es wird zur Jugend,
Versiegt die Häßlichkeit, und wird zur Schönheit,
Versiegt die Einfalt, und sie wird zur Weisheit,
Versiegt die Unrast, und sie wird zur Wollust,
Zur ewigen, unaufhörlichen, die da
Den Herrn umspannt mit tausend Liebesarmen
Und ihm ein: ‚Ewig, ewig laß mich so!‘
Zujauchzet."

Sinnend ging der Pilger hin,
Er sann dem Christenhimmel nach. Er hörte
Noch jenes: „Ewig, ewig laß mich so!"
In seiner Seele tönen, da gewahrte
Er, aus der flachen Erde sich erhebend,
Ein mächtiges Gefelse, grau und brüchig,
In dessen Spalte, mühsam eingezwängt,
Ein Mensch sich regte. Fragend trat der Pilger
Zu jenem Seltsamen und wich erschreckt
Zurück vor seinem Anblick. Wirre Haare
Umflatterten ein jugendliches Antlitz
Mit toten Augen. Und der Pilger rief:
„Welch Teufels Hand beraubte dich des Lichts,
Daß du in finsterer Verlassenheit
Dein junges Leben zubringst?"

Da zerteilte
Des weißen Angesichtes starren Ernst
Ein stilles Lächeln. „Fremdling, dieser Teufel
War ich. Ich hab' ein kleines Gut zerstört,
Ein größeres zu gewinnen. Denn was nützt mir
Die Schau von allen Erdenblumen, von
Des Himmels lockend schönen Welten, von

Den reifen Lippen aller Jungfraun Syriens,
Wenn solche Schau den Geist mit Wahn bethört
Und ihn sich klammern läßt an Lebensformen?"

„Und was erstrebst du, seltsam Menschenkind!
Mit deinem Thun? Ist's Wahnsinn nicht, alltäglich
Zu sterben, um den Tod erfassen lernen?"

„Es ist nicht Wahnsinn, denn die letzten Fasern
Des Lebenswillens wurzeln drüben. Töt' ich
Nun die allmählich, dann, dann wird Erlösung
Mein selig Teil. Triumphgeflügelt hebt
Mein Geist sich in der Frommen Himmel auf."

Und wieder sprach der Pilger:
„Heiliger,
Was ist der Himmel?" Und der Jüngling drückte
Den nackten Leib in jene Felsenspalte
Und stützte auf die Hand das fahle Antlitz,
Und sah vor sich, mit großen toten Augen.
„Der Himmel ist ein weit Gewölb, darin
Die Ewigkeit geschloss'nen Blickes ruht.
Nichts ist um sie, als milde Dunkelheit,
Und jene beiden körperlosen Riesen,
Die das Gewölb bewachen:
Ruh' und Schweigen.
Dorthin, in jenen seligen Ort bringt ein,
Gleich edlem Opferrauch, der aufwärts steigt,
Des Frommen Geist und wird zum milden, ruhigen
In sich gestillten Dunkel, das kein Schmerz
Und keine Freude mehr zur Form verdichtet."
„Der Himmel ist ein weit Gewölb, darin
Die Ewigkeit geschloss'nen Auges ruht,"
Sprach leis für sich der Pilger und verließ
Den erdabgekehrten Frommen. Wüste
War ober ihm, zu seinen Füßen Wüste,
Und in ihm — Wüste. Er doch ging dahin

Mit festem Vorsatz, einen Weg zu finden,
Der ihn aus dieser Wüste führte.

         Lautlos
Versank sein Fuß im weichen heißen Sande
Und trug ihn mühsam vorwärts. Einmal war ihm,
Als säh' er einen grauen Vogel ängstlich,
Vom Boden aufwärts flattern, wie erschreckt
Von etwas. Und er nahte jener Stelle
Und staunte. Aus dem Braun des Bodens grünte
Die lieblichste Oase quelldurchrieselt;
Und jenes etwas, das den Vogel schreckte,
War eine Flamme, die sich aufwärts schwang
Von einem Altar. Und der Pilger rief,
Zu einem von den Männern, die im Kreise
Um jenen Altar saßen, Brote brechend
Und Wasser aus den irdnen Bechern trinkend:
„Warum in der Verbannung, fromme Brüder?
Was ist so köstlich, das es euch entschädigt
Für alle Schrecken, die die Wüste birgt,
Für diese Bettlerkost, die Sonnenglut,
Die eure unverhüllten Häupter quält?"

Und jene sprachen laut im Chor:
         „Der Himmel!"

Der Pilger aber frug: „Was ist der Himmel?"

Da standen sie von ihren Sitzen auf
Und neigten ihre Stirnen fromm gen Osten,
Und breiteten die weißen Mäntel aufwärts,
Als sollten deren Säume sich entzünden
An jenem Heiligen, dem ihr Psalm erklang:

„Der Himmel ist das Lichtreich, wo die Sonnen
In ewigem Glanze strahlen. Jeder Geist,
Der fromm des hehren Lichtreichs Gotte dient,
Der höchsten Sonne, die mit ihrem Glanz

Die andern Sonnen einst belebt, wird landen,
Nachdem er alles Irdische abgestreift,
In jenem Glanzreich, wird als Offenbarung
Der Gottesliebe eine hehre Sonne
Und einer Erde lichter Segen."

         Also
Besangen sie des Himmels Herrlichkeit.

Der Pilger aber zog von dannen, sprechend:
„Der Himmel ist das Reich, das Sonnenseelen
Als lichte Wohnung dient." Ihm war, als müßt' er
Aus tiefstem Herzen weinen, weinen, weinen.

Er kam zu einem großen schwarzen Stein,
Um den die Andacht Wände fügte. Betend
Umgaben reisige Pilger jenen Stein
Und neigten ihre Häupter auf die Erde,
Auf der er ruhte. Und der Fremdling frug:
„Was hoffet ihr, die ihr so weit gewallt,
Um eure Häupter hier im Staub zu beugen?"

Und sie entgegneten: „Den Himmel."
            „Männer,"
Frug jener, „sagt, was ist der Himmel?" Da
Umspielte ihren Mund mitleidig Lächeln
Ob dieser Frage, und sie sprachen:
           „Thöricht
Der Gläubiger, der nicht die Summe kennt,
Die er zu fordern hat am Tag des Ausgleichs.
Der Himmel ist ein schöner schattiger Garten,
Mit klaren Wassern und mit kühlen Grotten,
In deren duftiger Dämmerung Jungfraunleiber
Auf weichem Moose ruhn und Liebe sinnen.
Der Himmel ist ein schöner schattiger Garten,
Wo unter Palmen goldne Tische stehn,
Mit herrlichen Gerichten für die Frommen,

Die ihre Lippen nie besudelten
Mit Wein und Lügen."

       Stumm entfloh der Pilger.
„Der Himmel ist ein schöner schattiger Garten
Mit Jungfraun und mit reich besetzten Tafeln,"
Schrie seine Seele auf.
      Er ging und ging,
Und fand kein Ende seines Weges. Grau
Und unerreichbar schien ihm alles, das er
Mit seinem Geiste wollt' umspannen. Und
Er trat in einen Ring seltsamer Menschen.
Es standen Greise, Jünglinge und Weiber
Um einen Baum, an dessen Stamm ein Mann
Gebunden war. Ein zweiter, buntgeschmückter,
Stand dicht bei ihm und riß mit spitzen Haken
Das Fleisch von seinen Knochen. Blutgebadet,
Gebrochnen Augs, vermochte der Gequälte
Nur schwache Schmerzensschreie auszustoßen.
Bei jedem brach die Schar in lauten Jubel.
Der Pilger schauerte und wies entsetzt
Nach jenem Elenden und frug: „Wozu?"
Sie sagten: „Um den Himmel!"

        Da verhüllte
Sein Antlitz er und frug: „Was ist der Himmel?"
Sie tanzten jauchzend um den Feuerstoß,
Und Funken auf des Opfers Wunden streuend,
Erscholl ihr schriller Sang: „Der Himmel ist
Ein mächtiger Wald, an dessen Bäumen blutig
Die Leiber streitbesiegter Feinde prangen."
Da drückte seine Hände vor das Antlitz
Der Fragende und ging gebrochnen Schrittes
Von dannen, wie ein Mensch, der sein Geliebtes
Zu Grabe trägt. Und als er so gegangen,
Warf er sich plötzlich wild zur Erde nieder
Und schluchzte bitter, und vergrub sein Antlitz
Im braunen Sande. Da er sich erhob,

War seine Stirne glatt, sein Auge fest
Und thränenlos. Er breitete die Arme
Wie gen ein Schwaches aus, das an die Brust
Er ziehen möchte, und mit einer Stimme,
So ernst und herzergreifend feierlich
Wie eine Sterbeglocke, die den Tod
Des Größten in die ahnungslose Welt ruft,
Rief er hinaus:

„Um der Gerechtigkeit,
Der Weisheit willen, die das Irrtumvolle
Nicht darf verdammen, um der vielen willen,
Die da dem Fluche preisgegeben wären:
Es kann am Lohne keiner Anteil haben,
Es ist kein Himmel . . . . !"

VI.

„Es ist kein Himmel!"

       Samumflügel trugen
Das Wort dahin. Verhundertfachten Echos
Drang's durch die Lüfte, ahasverusgleich
Nicht sterben könnend, und von einer Seele
Zur andern seine Schrecken wälzend.
           Schauernd,
Vernahmen jenes Wort die Helden Gottes.
Sie hörten auf zu träumen. Sie entrissen
Die erdverwaisten Augen ihrem Jenseits,
Und sahn um sich und frugen:
         „Wessen Mund
Hat das Entsetzliche geredet?" Keiner
Wußt' es zu sagen. Da vermeinten sie,
Es wäre eine Tücke Satans, der,
Verwirrnis säend, ihnen sei genaht.
Und mutig schlugen sie auf ihre Wunden
Und gruben in ihr Fleisch den Namen Gottes,
Die höllische Versuchung zu verjagen.
Doch wie sie selbstvernichtend auch zertraten
Das eigne Fleisch, sie fühlten nur den Schmerz,
Nicht jene selige Frohlust, die durchschauert
Den, der da leidet um ein Großes.

          Betend
Und leidend, träumend, wachend, scholl es laut
Zu ihrem Ohr: „Es ist kein Himmel."
            Und
Mit einemmal begannen ihre Leiber

Vor Weh zu fiebern. Ihre Wunden brannten,
Die labsalfremden Lippen pulsten schmerzlich,
Die steifgewordnen Glieder sanken starrisch
Zusammen, willenunbekümmert. Alle
Um Gott gelittnen Schmerzen regten sich
Und schrieen laut: „Wofür? Es ist kein Himmel!"

Da trat das Heer der kühnen Gottesstreiter,
Aus seiner Einsamkeit. „Wir wollen sinnen,
Dem Feinde zu begegnen," sprachen sie.

Und die auf Säulen wohnten, stiegen nieder,
Und die in Höhlen längst des Lichts vergessen,
Sie krochen aus dem Dunkel, ihre Hände
Vor die erbleichten Augen legend.

       Also
Versammelte die Schar der Patriarchen
Sich in der Wüste. Als sie sich erblickten
Mit ihren nackten Stirnen, ihren Körpern,
Vom Elend aufgezehrt, da brachen alle
In heiße Thränen aus. Und einer sprach:
„Wir wollen in die Stadt der Tempel pilgern,
Und unsere Priester mögen Opfer bringen,
Den Zorn des Herrn zu sänftigen."

       Da warfen
Sie sich zur Erde, ihre heiligen Seelen
Zum Opfer vorbereitend. Und sie schwiegen
Und wollten beten. Statt des Betens aber
Versanken ihre Geister in dem Wort.
Und plötzlich war's, als schlüg' ein Feuerstrahl
Vor ihnen in die Erde und zerriß
Das dunkle Fleisch des Balls, daß sie hindurch
Ein rätselhaftes Abgrundtief erblickten,
Ein Unbekanntes, Schauerliches, Fremdes,
Ein Dasein, das kein Bild, kein Wort, kein Hauch
Verkörpern könnt'. Es war die Ahnung eines

Noch Ungedachten, die in ihnen aufging . . . .
Sie zauderten und . . . . faßten.

      Da entrang sich
Aus ihrer Brust ein Schrei so schmerzlich wild,
Wie ihn ein Sterbender ausstoßen würde,
Wenn ihm die Kraft blieb, und sie riefen auf:
„Wenn's keinen Himmel gibt, dann gibt's auch keinen . . . .
Dann gibts auch keinen . . . . Gott . . . ."

VII.

Die bleiche Schar zog in die Stadt der Tempel:
Sie liefen durch die Straßen, diese Greise,
Die durch jahrzehntelanges Selbstvergessen
Verlernten den Gebrauch der Glieder. Fröstelnd,
Nackt, um die hagern Schultern nur den Purpur
Der Liebeswunden, also rannten sie
Mit ausgestreckten Armen, ihres Gottes
Ersehntes Heiligtum zu suchen. Doch
Die Tempel waren fort. Wo sie einst standen,
Erhoben stolze Marmorbäder sich
Und blühnde Rosengärten. Nur ein Denkmal
Schien noch vom Herrn zu sprechen. Außerhalb
Der Stadt, aus einem Oelhain, hob sich mächtig
Ein Riesenbau zum Himmel, Tempel halb,
Halb Turm, gigantisch, übermenschlich, so,
Als rage dieses Baues Giebel schon
In eine andere Welt. Dahin zog wankend,
Der Greise Fuß, gehetzt von ihrer Angst.
Sie drangen in das Heiligtum. — Ein Schauer
Des Schrecks, des Zorns, der Scham, ergriff die Frommen.
Und einer rief:
          „Wie wagst du, höllisch Trugbild,
An des Allmächtigen Stelle hier zu thronen?"

Auf dem Altare stand, von edlem Ernst
Umschleiert keusch, ein Weib in stolzer Nacktheit.
In seiner Rechten hielt es einen Zirkel,
Indes die Linke um ein Rohr gespannt,
Das, vor ihm knieend, aufwärts hob ein Jüngling.
Bei jenes Pilgers Worten wandt' vom Himmel
Ihr ernstes Haupt sich, und sie sah das Alter,
Die Wunden, die verzweiflungsvolle Liebe,

Die sich verwaist fand, und ein Strahl des Mitleids
Erhellte ihre herben Züge.

„Männer,
Heilt eure Wunden und vergeßt den Namen
Desjenigen, an dessen Stelle ihr
Mich stehen seht. Es ist ein Trugbild, das
Ihr angebetet."

Da zerrissen wild
Ihr Fleisch die Gläubigen und riefen:
„Er,
Um den wir uns gequält, der unsere Seelen
Mit seiner Gegenwart erfüllt! Wer bist du,
Die uns des Heiligsten berauben will?"
Und groß sprach sie: „Mein Name ist Vernunft.
Ihr träumtet sorglos eure Himmelsträume,
Indes die Menschheit sich verzehrt in Zwist,
In blutigen Kriegen, Wahnsinn und Verblendung,
In Fieberunruh', bis sie endlich kraftlos
Zusammenbrach, die falschen Ideale
Verfluchend, die mit goldnen Jenseitslügen
Die Mannheit ihr geraubt und ihren Nerv
Verstümmelten, daß sie gelähmt, in Blödheit
Und Geisterfurcht, die Wahrheit und das Licht
Nicht mehr ertragen mochte; Männer, da
Brach m e i n e Zeit an. Aus der Wildnis kam ich,
Wohin sie mich verbannt, und riß die Tempel,
In denen Schemen hausten, nieder. Ströme
Und Rosengärten schuf ich an der Stelle,
Wo Finsternis und Moder einst gehaust,
Was braucht die Menschheit Tempel? Baut der Weise
Ein Haus in einer Wüste, wo kein Wesen
Vorhanden, das dies Haus bewohnen kann?
‚Wie?' sagst du, Greis, ‚dem H e r r n versag' ich Tempel,
Indes ich mir ein Heiligtum erbaut?'
Kann dies ein Tempel sein? Sieh dort die Rohre,
Die Zirkel, Gläser, Globen, diese Karten,

Sahst du dies je in einem Tempel? Doch,
Jawohl, nenn einen Tempel diesen Turm,
Den Tempel der Vernunft, das Heiligtum,
Darinnen die Erkenntnis wacht, der Menschheit
Zu dienen."

     Da erhob sein kahles Haupt
Ergrimmt der Aelteste:
         "Den Menschen dienen
Willst du, die sie des einzigen Trosts beraubt:
Des Glaubens an den ewigen Gott."

             Und sie
Mit strengem Blick darauf:
        "Nennst du aufs neue
Das dunkle Wort? Sag mir, du Ahnungsloser,
Wo wohnt der Gott, von dem du also schwärmst?"
Und er mit Kinderunschuld:
         "Dort im Himmel!"
Da hob sie lächelnd ihre ernsten Augen
Empor zum Horizont und sprach:
           "Schon dämmert
Die Nacht herauf, der Glanz der Luft erbleicht,
Die goldne Decke gleitet langsam nieder,
Enthüllt zeigt sich der wundersame Körper
Des Universums. Hier, nimm meine Hand,
Tritt her zu mir und schau durch dieses Glas
Den Himmel dort, und nenne mir die Stelle,
An der dein Gott wohnt."

          Und es stieg der Pilger
Hinauf zu ihr, und bebend sank sein Auge
In jenen dunklen Abgrund, wo das Wunder
Der Weltwerdung geräuschlos sich vollzieht.
"Wo ist die Stätte deines Gottes? Dieser
Der Erde nächster Stern? Wir wissen, Bruder,
Auf ihm sind Menschen, so wie ich und du.
Auf ihm sind Berge, Seen, Wälder, nein,

Da wohnt dein Gott nicht, sagst du doch, im Himmel
Und nicht auf einer Erde sei sein Thron.
Du meinst auf jenem großen hellen Stern?
Auch er ist eine Erde, herrlicher,
Gewaltiger als unsere Erde. Länger
Weilt dort die Sonne, doch es geht im Herbste
Ein Sterben durch die stille Insel hin,
Dann welken Blumen, und es sinken müde
Die Greise und die Schwachen mit den Blumen.
Wo Lenze blühn, wächst unterm Blumengrund,
Das Erz auch, das sie wegmäht. Jener Stern,
Mein Bruder, kennt das Leid, die Thränen, so
Wie unsere Welt. Auf ihm ist deines Gottes
Kein würdiger Platz. Das rötliche Gestirn
Zu deiner Linken da? Sieh, wie es zuckt,
Bald hell, bald dunkler leuchtend, wie das Licht
Auf ihm sich noch mit Finsternis bekämpft;
Es ist ein Stern, unfertig wie ein Mensch,
Der noch mit dumpfen Leidenschaften ringt,
Halb nachtgeneigt, halb lichtbegierig. Wüst
Und ungeklärt sind diese Sternenräume.
Jahrtausende mögen hingehn, eh' des Bodens
Verborgne Keime sich zur Form entwickeln.
In solchem Chaos atmet nicht Vollendung.
Du blickst nach jenem unbeweglich ruhigen,
Blaßgoldnen Licht. Mein Bruder, diese Welt
In ihrer starren Unbeweglichkeit,
Sie ist ein Leichnam. Heute oder morgen
Wird sie zerstückt, in leuchtende Atome
Zerfallen. Längst zu Aether worden sind
Die Wesen, die in dieser Welt geträumt.
Ein Trümmerhaufen ist die Thronstatt nicht,
Auf der ein Gott verweilt. Sieh, diese Welten,
In allen Regenbogenfarben strahlend,
Du kannst sie fassen in drei Worten. Jene
Sind Gegenwarten. Lust und Leid, und Sorge
Und Wandel herrscht auf ihnen, doch kein Gott;
Er, der nach euren Worten ewig ist

Und wandellos, er wär ein Ahasverus,
Ein Ruheloser, der, um sich zu retten
Vorm Untergange, fliehen müßt' von einem
Zum andern Stern? Die Welten dort, die schwanken,
Die, gleich den Wimpern eines Unrastvollen,
Ruhlos das Licht bald heller und bald dunkler
Nach außen strahlen, nenn' sie Zukunften.
Unfertig sind sie noch und dämmerhaft,
Ein trübes Chaos. Der Vollendete
Kann sich des Werdenden erbarmen, doch
Die Säulen seines Throns vertraut er nicht
Unfertigem Boden. Diese Welten endlich,
Die bleichen, flimmernden, Vergangenheiten,
Friedhöfe sind es, toten Lebens voll.
Wähnst du, ein Gott erwählte sich zum Wohnsitz,
Zur Werkstatt seiner ewigen Schöpfungspläne
Ein Leichenfeld? Mein Bruder, sage nun,
Wo ist die Stätte, die dein Gott bewohnt?
Auf Erden ist sie nicht, im Himmel nicht."

Da wandte groß der Pilger seine Augen
Auf jenes Weib. „Und h i n t e r jenen Sternen?
Dort, wo die goldnen Weltenkörper decken
Den Abgrund, wo dein Auge nicht hineinbringt?"
Sie aber wuchs bei seinem Wort gigantisch;
„Nach diesem frägst du? Denk den weiten Schritt,
Den wir in einem doppelten Jahrtausend
Nach aufwärts thaten. Sieh, Pythagoras
Und Archimedes haben sie geahnt,
Was wir heut nimmer ahnen, siegreich wissen!
Also wird einst ein kühner Geist den Abgrund,
Der hinter jenen Sternen sich vertieft,
Mit seinem Zirkel messen.

     Eines aber,
Du Kind mit kahler Stirn, eins wiss' schon heute.
Kein Stoff im Raum ist unserm Geiste fremd,
Und keinen trafen wir, der unsere Hand

Zerschmetterte und sich als die Substanz,
Aus der der Höchste ist, enthüllte. Mann,
Geh hin und heile deine Wunden. Werfe
Das dunkle Wort von dir, das dich bethört
Und dich betrogen um dein Leben. Siehe,
Das Wort erfand die Zeit, in der die Menschen
„In finsterm Irrtum schmachteten, in der sie
Die Erd' als Mittelpunkt des Alls erblickten,
Die Sonne als Vasall des kleinsten Sterns,
Sich selbst als Spielball einer dunklen Macht,
Der sie den Namen ‚Gott' verliehn, nichts anders
Damit bezeichnend, als das Unbekannte'.
Wend' nicht dein Angesicht so kummervoll
Zur Seite! Glaubst du meinen Worten nicht,
So glaube deinem Leide. Wär' ein Gott,
Müßt' er nicht seine Blitze jetzo schleudern
Auf meine Stirn', müßt er voll Liebe nicht,
Dich, dem ich Gift in seine Wunden streute,
In seine Arme nehmen und zum Himmel
Aufheben? Siehe, gottleer bleibt's, und still;
Doch nein, ein Ton klingt nieder. Sieh den Stern,
Der da zum Abgrund stürzt. Millionen sterben
In diesem Augenblick, wo du .... an Gott glaubst.
Freund, wär' ein Gott, dann wär' es ein gerechter,
Dann gäb' es keine Thränen, keinen Tod,
Dann gäb' es keine Unrast, keinen Zweifel.
Notwendig ist das Uebel, doch gerecht nicht.
Die Thräne und des Todes starr' Gebot,
Hab' ich erfunden, ich!
     Es ist kein Gott!"

III.

Erwacht.

I.

„Es ist kein Gott!

Stürz' ein, verwaistes,
Du vaterloses Universum;
Irrtumergreistes,
Für wen schmücken sich
Deine dunklen Sonnen?

Es ist kein Gott!

Aether, laß sinken
Deine gestirnetragenden Arme!
Vertrockne, Luft,
Es ist kein Gott!
Eine unermeßliche Gruft
Ist das All.
Im Dämmerfahl
Steigt vom letzten Ende des Raums
Bis zum Beginn des ersten Traums
Ein begriffverschlingend gewaltiger,
Grauengestaltiger,
Raumverdunkelnder Sarg auf.
Aus ihm gähnt
Die verwesungsfremde,
Schreckhaft grinsende
Larve des Nichts.

Es ist kein Gott!"

Also schrie auf
In wilder Bedrängnis
Die Seele, zurückkehrend
In des Leibes Gefängnis.

II.

Im Schatten einer Wildnis lehnt ein Weib,
Das schwere Haupt gestützt auf ihre Hand,
Vor Schwäche bebt der geisterhafte Leib,
Doch sie mit starkem Worte ihn ermannt.

Noch einen Weg. Es wankt der eisige Fuß,
Vor Schrecken bäumt sich auf das junge Herz,
Doch unerweicht sagt sie zu sich: „Ich muß,"
Und dieser Wille ist ein Will' von Erz.

Sie geht und hält die Hände an ihr Ohr,
Wie einer, den ein wüster Lärm umdrängt;
Zusammenschauernd fliegt ihr Blick empor,
Doch schauernder er schnell zur Erd' sich senkt.

Sie geht, und endlich findet sie den Hort,
Nach dem sie suchte. Dunkelgrün Gesträuch
Verbirgt den finsternisgeweihten Ort
Und schmückt das Grab mit Blüten lind und weich.

Sie neigt sich nieder. „Tief genug zum Schlaf!"
Dann gleitet ihre Hand liebkosend hin
Durch das Gesträuch: „Ihr, die das Gleiche traf,
Wie könnt ihr ferner leben noch und blühn?

Mich leidet's nimmer auf der leeren Erde,
Schreit nicht so laut, ihr Geister, daß ihr müßt.
Seh' ich nicht selbst die drohende Gebärde
Der Zwingerin, die euch in Fesseln schließt?

Schreit nicht so laut, ihr sturmzerwühlten Bäume,
Bohrt nicht so knirschend — schreckliches Gekreisch —

Die Wurzeln durch des Erdreichs dunkle Räume,
Mir ist, als säh' ich bluten euer Fleisch.

Was zählst du unaufhörlich deine Frucht,
Du winziger Strauch? Was prahlst du, kleiner Quell?
Hat schon Vernunft ihr Werk an euch versucht,
Ist eure Bestimmung euch schon hell?

Warum der Lärm, das Aechzen, das Gestöhn?
Wie einer ungeheuren Maschine
Erpreßte Seufzer dringt es aus den Höhn,
Dem Blumenkelch, dem Flug der kleinen Biene.

Der Blüten Wachstum, es vollzieht sich schallend,
Ein Sonnenaufgang macht die Erd' erbeben
Mit seinen Donnern; durch die Lüfte hallend
Fleugt brausend hin der Sterne Nachbarleben.

O süße Sabbathstille der Natur!
Wo bist du hin? Der letzte Glockenklang,
Der Hirt und Lämmer rief aus ihrer Flur
Zu Gottes Thron, er war dein Grabgesang.

Vernunft, du Göttin mit dem klaren Blick,
Die du den Himmeln raubtest ihr Geheimnis,
Hier geb' ich dir dies schwache Sein zurück,
Ein Weiterleben wär' für mich Versäumnis.

Denn sieh, mich trieb hinaus ein ernst Gebot,
Auf eines Geistes Frage fand ich Antwort.
Schließ dich denn, armer Mund, es ist kein Gott,
Kein Gott, o Mutter, und kein Finden dort.

Und ist's nicht besser, irrtumgläubig Herz,
Wenn leer der Himmel, statt daß ein Tyrann,
Dort oben spielt in freventlichem Scherz
Mit Menschenschicksal und mit Menschenplan?

Leer ist der Himmel, leer die Erde, lieblos,
Und gottheitslos. Wer mag die Oede tragen,
Der einst gehofft hat auf ein besser Loos?
O Mutter, e i n e Hoffnung seh' ich tagen:
Wenn auch kein H i m m e l selig uns vereint,
Ein Erdenschoß eint uns in seinen Frieden,
Und sieh, d e r s e l b e n Sonne Strahl bescheint
Der Sehnsucht letzte Ruhestatt hienieden."

Und lächelnd hebt den Fuß das junge Weib,
Den letzten Schritt zu wagen; da erfaßt
Ein glüher Schwindel sie, der müde Leib
Stürzt auf die Erde, leblos, toderblaßt.

III.

Eine weiße Dämmrung
Lag auf der Erde.
Alles war unsichtbar
Und eingehüllt,
Wie in dem Odem
Eines mächtigen Mundes.

„Ich friere,"
Sprach eine Stimme,
Und von einer Erdscholle
Erhob sich ein Weib
Und sah in die Nebel.

„Wo bist du, Tod?
Warum verschleierst du dich?"
Und wie die Hand des Mädchens
Verlangend nach des Geliebten
Haupte tastet in stiller Nacht,
So spähte ihr Auge
Nach den geöffneten Armen
Des Todes....

Aber er verbarg sich
Ihrer Sehnsucht.
Sie fand ihn nicht.
Sie irrte umher,
Die schlaffen Locken
Zwischen den entfleischten Fingern zerreißend,
Sie irrte umher
Und stöhnte: „Nicht sterben und nicht beten."

Und da sie das Wort aussprach,
Fühlte sie brennend Leid
Ihre Seele durchschauern;
Fühlte sie das Einst
Nocheinmal in dem vereisten Herzen....
Das Allelujah des Ostermorgens,
Und das Gloria der Weihnacht,
Und von übermenschlichem Weh überwältigt,
Warf sie die Arme empor
Und knirschte:

          „Gott, Gott,
Daß du mich zerschlugst in deinem Zorn,
Daß du meine Jugend gekerkert
In einen Sarg,
Daß du mich um die Hoffnung der Christen betrogen,
Hätte ich dir vergeben, Gott!
Daß du mich aber
Um dich selbst betrogen,
An wem räch' ich dies?"
Und zwei Flammen brachen
Aus den Augen des Weibes,
Flammen der allmachtgewordnen Liebe.

Der Nebel regte sich,
Der feuchte Boden
Kroch unter ihm hervor
Mit seinen Gräsern, Halmen,
Mit einer fast unsichtbaren Linie
Lebendiger Geschöpfe,
Die in winziger Kleinheit
Sich fortbewegten,
Das Weib aber,
Die Flammen in den Augen,
Schritt dahin
Mit achtloser Ferse
Die Linie zertretend.

Da wanken die Nebel,
Die Dämmerung zerreißt,
Die Natur stürzt schauernd
In sich zusammen;
Nichts ist unten,
Oben aber
Ueber den Sternen
Thut sich ein dämmernder Abgrund auf,
Und aus ihm wandelt,
Flammen in den Augen,
Menschgestaltig,
Ein sinnender Mann,
Und zertritt
Im Weiterwandeln
Das winzige Sternengewimmel,
Das seine strahlenden Fersen umdrängt.

Ein Schrei drang empor,
Das Weib sank
Auf seine Stirne
Und betete an.

IV.

„Heil dir, o Erde!
Ueber dich schreitet
Der Fuß des Allmächtigen!
Heil dir, Erde!

Wie der formgewordne Wille
Nimmer zurückzukehren vermag
In das Haupt des Erzeugers,
Also trennen dich ewige Schranken
Von dem Schoße des Weltenbeugers,
Dich, und die Gebilde, die du erschaffen
Aus dem Ueberfluß deiner Kraft.
Sie werden ewig sein, diese Gebilde,
Ewig wie du. Sie werden erschlaffen,
Werden vergehen,
Neu entstehen
Mit neuen Geistern und neuen Formen;
Ohne Erinnerung,
Aber ewig, ewig,
Wie ihr Ursprung.

Heil dir, Erde!
Ueber dich schreitet
Der Fuß des Allmächtigen!
Heil dir, Erde!
Das seligste Wissen
Ist dir geblieben
Aus deinem göttlichen ‚Drüben‘,
Da du als ungedachtes ‚Werde‘
Ruhtest, ein leuchtender Gedanke in Gott:
Du darfst ihn lieben!"

V.

Es war zu jener Stunde, da der Tag
Wie eine reife Frucht sich langsam ablöst
Vom Baum der Zeit; ein letztes Blühen lag
Am Abendhimmel noch, dann, glanzentblößt,
Sann bleich und kalt die Erde vor sich hin.

Ein Mann sah düster in das müde Grau;
Er saß vor seiner Hütte wie alltäglich,
Wenn schattenhafter ward des Himmels Blau.
Er sah hinaus erwartend, unbeweglich,
Als könnt' die Qual ihm keine Thrän' erpressen,
Als könnt' er sterben nicht und nicht vergessen.

Er sah hinaus wie gestern. Welkes Grün
Umgab des Häuschens Pforte. O wie oft,
Wie oft hat er in zarten Liebesmühn
Den Eingang froh verziert. Wie bang gehofft,
Eh' er die Kränze welken ließ und sterben.

Er sieht hinaus. Am Himmel kommt herauf
Der Stern der Liebe. Stille Dämmer jagen
Dahin im tönelosen Geisterlauf....

Es ist, als sollte ein Geheimnis tagen.

Da wandelt es einher. Ein Schrei entfährt
Des Mannes Lippen, schauernd sinkt er nieder
Und breitet seine Arme aus; verklärt
Neigt sich ein Angesicht zu ihm hernieder.

„Bist du ein Körper, seltsamlich Gebild?
Bist du ihr Geist? Du mahnest mich an sie,
Und doch, du bist sie nicht," so ruft er wild.

Sie legt die Hände tröstend auf sein Haupt.
„Ich bin dein Weib, hier fühl' des Herzens Beben,
Ich bin dein Weib, dem du vertraut, geglaubt,
Zurück kehr' ich zu dir, zurück zum Leben."

Er aber schaut das Weib, das ihm so teuer,
Mit stillem Grauen an. Ihr Haar ist weiß,
Die Stirn versengt, als ob ein mächtig Feuer
An ihr vorbei geschwebt, verzehrend, heiß.

„Das that die Nähe Gottes," sagt sie groß,
Des Mannes Blick erfassend, „oben wandeln,
Sah ihn mein zitternd Aug', geheimnisbloß ....

Neid' nicht den schwachen Augen jenen Anblick!
Vergessen wird mein Geist es nie, wie weit
Der Liebe Schleuderkraft gereicht. — Ein Glück
Entrang ich doch der Welt der Ewigkeit.

Es nennt sich: Wahrheit. Sieh, Geliebter, müd
Und kräfteschlaff schlepp' ich mich her zu dir,
Dies Gut mit dir zu teilen. Segen blüht
Und Erdenruh' daraus. Hoff', Freund, nicht mehr,
Als was das Leben dir gewährt. Es harrt
Auf dich kein zweites Los. Das ‚Dort' erspart
Dem Schwächling nur, ein edles ‚Hier' zu schaffen.
Deshalb erfand sein Geist das Himmelreich.
Fluch' nicht dem Ewigen, wenn dich Leiden trafen.
Sein Sinn ist allumfassend, ewig gleich,
Doch seine Braue krümmen andere Sorgen,
Als du, Atom, mit deinem kleinen Morgen.
Du trittst allein durch jenes dunkle Thor,
Aus dem die Auferstehung strahlt hervor.
Du stirbst allein, und ohne seinen Schutz
Wirst du ein neu Geschöpf, voll Kraft und Trutz.
Das ist die Wahrheit, die ich für dich fand,
Für dich, mit dem das Leben mich verbindet.
Reich' mir, Genosse, deine treue Hand,

Gemeinsam und begeisterungentzündet
Für alles, was der Menschheit Segen bringt,
Sollst du mit mir am Werk der Wahrheit schaffen.

Du aber, seliger Geist, der mit dem Tod
Durch seine Frage mich verband, mögst schlafen,
Mögst schlafen süß und friedlich, bis Natur
Aus deiner Hülle schafft ein neues Dasein.
Es gibt kein Wiedersehen, süße Mutter,
Wir sind getrennt, doch sieh, ein Hoffnungsschein
Strahlt seine Zauber auf das harte Wort.

Die Liebe, die gewaltig große, die
Den Herrn selbst trägt auf ihren Schwingen fort,
Sie weiß des Wiederfindens Zauberwort.
Wenn du an eines Abgrunds Rande blühst
Als stille Blume, und ich wandle, träumend
Und dich nicht kennend, ernst an dir vorbei,
Dann ist's dies Wort, das plötzlich uns erschließt
Des Wiederfindens namenlose Wonnen.
Das Wort heißt Gott! Du blickst nach ihm, dem Bronnen,
Der dich mit süßem Lebenstaue segnet,
Ich schwinge mich empor zu seiner Schönheit,
Und sieh, der Augenblick verschlingt die Geister
Mit einem Band, das stärker als die Sphären,
Die seine Werke knüpfen an den Meister.
Denn stärker als das erzene Gefüge
Des Weltalls, das sein Finger schmelzen macht,
Ist er, den kein Gedanke noch erdacht.
Er ist der Ewige. Und darum währt
Auch jener Wiederfinden in ihm ewig,
Die ihren Blick nach seiner Höh' gekehrt."

Von derselben Verfasserin erschien im gleichen Verlage:

Legenden und Geschichten.

Inhalt: Liebesevangelium. — „Wer ist wie ich?" — Heimweh. — Pauli Vision. — Arete. — Johannes. — Naturwille. — Sie waren beide Kinder. — Berggewitter. — Klea. — Isolde. — Er ist! — Rechter Glaube. — Mutterliebe. — Linos. — Dies Irae. — Irdische Komödie.

Preis 2 Mark.